BEI GRIN MACHT SICH IHR WISSEN BEZAHLT

- Wir veröffentlichen Ihre Hausarbeit, Bachelor- und Masterarbeit

- Ihr eigenes eBook und Buch - weltweit in allen wichtigen Shops

- Verdienen Sie an jedem Verkauf

Jetzt bei www.GRIN.com hochladen und kostenlos publizieren

Tobias Kalder

Web 2.0 und Projektmanagement

GRIN Verlag

Bibliografische Information der Deutschen Nationalbibliothek:

Die Deutsche Bibliothek verzeichnet diese Publikation in der Deutschen National-
bibliografie; detaillierte bibliografische Daten sind im Internet über http://dnb.d-
nb.de/ abrufbar.

Dieses Werk sowie alle darin enthaltenen einzelnen Beiträge und Abbildungen
sind urheberrechtlich geschützt. Jede Verwertung, die nicht ausdrücklich vom
Urheberrechtsschutz zugelassen ist, bedarf der vorherigen Zustimmung des Verla-
ges. Das gilt insbesondere für Vervielfältigungen, Bearbeitungen, Übersetzungen,
Mikroverfilmungen, Auswertungen durch Datenbanken und für die Einspeicherung
und Verarbeitung in elektronische Systeme. Alle Rechte, auch die des auszugsweisen
Nachdrucks, der fotomechanischen Wiedergabe (einschließlich Mikrokopie) sowie
der Auswertung durch Datenbanken oder ähnliche Einrichtungen, vorbehalten.

Impressum:

Copyright © 2011 GRIN Verlag GmbH
Druck und Bindung: Books on Demand GmbH, Norderstedt Germany
ISBN: 978-3-640-97624-9

Dieses Buch bei GRIN:

http://www.grin.com/de/e-book/176222/web-2-0-und-projektmanagement

GRIN - Your knowledge has value

Der GRIN Verlag publiziert seit 1998 wissenschaftliche Arbeiten von Studenten, Hochschullehrern und anderen Akademikern als eBook und gedrucktes Buch. Die Verlagswebsite www.grin.com ist die ideale Plattform zur Veröffentlichung von Hausarbeiten, Abschlussarbeiten, wissenschaftlichen Aufsätzen, Dissertationen und Fachbüchern.

Besuchen Sie uns im Internet:

http://www.grin.com/

http://www.facebook.com/grincom

http://www.twitter.com/grin_com

FOM - Hochschule für Oekonomie & Management
Neuss

Berufsbegleitender Studiengang Wirtschaftsinformatik
3. Semester

Seminararbeit im Fach "Grundlagen des Projektmanagements"

Web 2.0 und Projektmanagement

Autor: Tobias Kalder

Neuss, den 25.01.2011

Inhaltsverzeichnis

Abkürzungsverzeichnis

Blog	Kurzform für Weblog, eine Art Tagebuch im Internet, meistens themenbezogen (z.B. Politik, Projektmanagement, Segeln, etc.)
EM	Enterprise MashUps
Hashtags	Schlagwörter, insbesondere bei Microblogging-Diensten mit vorangestelltem #-Zeichen gekennzeichnet
PM	Projektmanagement
PM 2.0	Projektmanagement 2.0
PMM	Projektmanagementmethoden
PSP	Projektstrukturplan
RSS	Engl. Abkürzung für Really Simple Syndication; auf XML basierende Standardisierung zum strukturierten Austausch von Daten; typische Auslieferungsform für Blogs, um von sogenannten Feed-Readern verarbeitet zu werden können
SaaS	Software-as-a-Service, Software wird als Dienst eingekauft, lokale Installationen sind dafür nicht notwendig

4

Abbildungsverzeichnis

5

Tabellenverzeichnis

1 Einleitung

Web 2.0 - ein Begriff, der für moderne, intuitiv zu bedienende, sozial fokussierte Internetanwendungen steht, rückt zunehmend ins Blickfeld und den Investitionsfokus von Unternehmen.[1] Entscheider erkennen die Vorzüge von effizienter, dezentraler Kommunikation und auch im PM identifiziert man Web 2.0-Werkzeuge, die die Steuerung von Projekten vereinfachen. Damit einher geht ein Sinneswandel, fort von zentralistischem Strukturdenken hin zu verteiltem Arbeiten innerhalb von Projekten.

Die Wahl des Themas „Web 2.0 und Projektmanagement" fiel aufgrund der intensiven, sowohl privaten, als auch beruflicher Nutzung des Internets und verschiedener Web 2.0-Dienste durch den Autor. Da sich viele Web 2.0 Anwendungen bereits etablieren konnten – Twitter zum Beispiel – offenbart sich nun in der Praxis das Potenzial dieser neuartigen Dienste.

Aus wissenschaftlicher und betrieblicher Sicht stellen sich dabei einige Fragen, deren abschließende Beantwortung jedoch den Rahmen dieser Arbeit übersteigt, sie seien daher nur grob umrissen:

1. Wie wirkt sich der Einsatz von Web 2.0-Werkzeugen im PM auf die Effizienz und den Erfolg von Projekten aus?
2. Ändern sich Projektabbruchquoten durch Nutzung von Web 2.0-Werkzeugen?
3. Wie ändern sich Organisationen durch den Einsatz von Web 2.0-Werkzeugen?

Diese Seminararbeit beschäftigt sich speziell mit dem Einsatz von Web 2.0 im PM und geht dabei auf Werkzeuge, Methoden und Anwendungsgebiete ein. Ebenso zeigt sie Chancen und Grenzen des PM 2.0 auf. Hierzu erfolgen zunächst eine Begriffsklärung sowie eine Erläuterung des Begriffes PM 2.0. Im Anschluss wird eine willkürliche Auswahl von Methoden und Werkzeugen anhand von theoretischen Überlegungen und praktischen Beispielen vorgestellt und bewertet. Das Fazit fasst die besprochenen Inhalte noch einmal zusammen und gibt einen Ausblick auf künftige Entwicklungen.

---

[1] vgl. Rauhut (2008)

7

2 Begriffsklärung

Der Titel dieser Seminararbeit setzt sich aus zwei Begriffen zusammen und stellt eine Verbindung zwischen ihnen her. Um diese Melange aus klassischem PM und der Meta-Begrifflichkeit "Web 2.0" in dieser Seminararbeit näher betrachten zu können, seien beide Elemente zunächst definiert und abgegrenzt.

2.1 Web 2.0

Seine erste Erwähnung fand der Terminus „Web 2.0" im Jahr 2003 in der amerikanischen Ausgabe des „CIO Magazin" im Zusammenhang einer Diskussion um die künftig erwartete Verlagerung von IT-Diensten in die Wolke[2].

Weitere Beachtung erlangte der heutige Metabegriff zwei Jahre später durch Tim O'Reilly, einem irischen Software-Entwickler und Autor. Er beschrieb in seinem Artikel „What is Web 2.0"[3] die einem Brainstorming entsprungenen Eigenschaften des neuen Internets. Die Erkenntnisse dieser Betrachtung mündeten in sieben Kerneigenschaften des Web 2.0:

Kriterium	Beschreibung
K1	Dienste, keine Paketsoftware, mit kosteneffizienter Skalierbarkeit
K2	Kontrolle über einzigartige, schwer nachzubildende Datenquellen, deren Wert proportional zur Nutzungshäufigkeit steigt
K3	Vertrauen in Anwender als Mitentwickler
K4	Nutzung kollektiver Intelligenz
K5	Erreichen des "Long Tail" mittels Bildung von Communities etc.
K6	Erstellung von Software über die Grenzen einzelner Geräte hinaus
K7	Leichtgewichtige User Interfaces, Entwicklungs- und Geschäftsmodelle

---

[2] Unter dem Begriff "Wolke" versteht man in der Informatik heute eine beliebige Menge von Rechnern im Internet, auf die bestimmte Dienste ausgelagert werden. Aufgrund der Unkenntnis über die genaue Infrastruktur der betreffenden Rechner wird hier der Vergleich zu einer nebulösen Wolke gezogen.

[3] vgl. Holz (2008)

8

Als prägende Einflüsse dessen, was sich unter dem Begriff Web 2.0 etabliert hat, finden sich neben technischen Implementierungen wie Wiki-Systemen und Blogs vor allem soziale Komponenten. „Social Software" ist als Bestandteil des Web 2.0 die Inkarnation eines evolutionsähnlich stattfindenden Paradigmenwechsels zwischen dem klar abgrenzenden Sender/Empfänger-Prinzip des Web 1.0 bei gleichzeitiger Beibehaltung der alten Technik. So wandelte sich das Internet vom reinen Konsummedium zur Plattform für jedermann, eigene Inhalte an ein theoretisches Milliardenpublikum zu distribuieren. Was landläufig auch als das „Mitmach-Web" tituliert wird, umfasst alle von Tim O'Reilly beschriebenen Faktoren, die sich in Facebook-Gruppen, Podcasts, Microblogging oder themenspezifischen Privatwebseiten niederschlagen.

Das Web 2.0 ist also ein dynamisches Web, ein neuronales, noch überwiegend demokratisches Netz sendender und empfangender Zellen. Dennoch ist es dank Hashtags und zahlreicher Suchmaschinen einfach zu filtern. Die Kombination, Modifikation und Schöpfung neuer Inhalte und Angebote ist somit systemimmanent.

2.2 Projektmanagement

Um PM als solches definieren zu können, seien zunächst die Teilbegriffe „Projekt" und „Management" erläutert und im Anschluss als Ganzes betrachtet.

2.2.1 Projekt[4]

Ein Projekt ist ein zeitlich befristetes komplexes Vorhaben, das sich durch die Einmaligkeit seiner Umstände von anderen Vorhaben abgrenzt. Diese Einmaligkeit definiert sich zudem durch die Progressivität des zu erreichenden Ziels und misst diesem eine spezielle Bedeutung im Sinne der Zieldefinition zu. Letztere ist wesentlich für ein Projekt, erlaubt erst ihre Existenz eine gezielte Ausrichtung und Verteilung von Aufgaben an die Mitglieder der projektspezifischen Organisation.

---

[4] vgl. Beuth Verlag GmbH, DIN 69901, Januar 2009

9

Bei der Durchführung eines Projektes erfolgt das Erreichen der gesteckten Ziele in gemeinschaftlicher Arbeit verschiedener Berufs- und Tätigkeitsgruppen. Die Art und Weise der Zielerreichung ist hierbei zu Beginn eines Projektes noch nicht klar abgesteckt und erfolgt im Rahmen des Projektes. Projektleiter sind hierbei für die Verwaltung der begrenzten personellen und finanziellen Ressourcen verantwortlich.

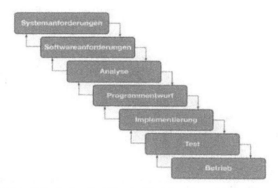

Abbildung 1: Typischer Projektverlauf laut des Wasserfallmodells

Technische Projekte, an denen sich diese Seminararbeit orientiert, werden klassischerweise wie in Abbildung 1[5] verdeutlicht in aufeinander basierende Phasen unterteilt, deren Bedeutung im Folgenden jedoch als bekannt vorausgesetzt wird.

2.2.2 Management[6]

Unter Management (engl. Leitung, Führung) versteht man die Gesamtheit des Organisierens und Entscheidens über Themen von wirtschaftlicher Bedeutung im weitesten Sinne. Zudem deckt Management Aufgaben in kontrollierender Funktion ab und dient der Schaffung positiver Rahmenbedingungen für wirtschaftliches Handeln.

---

[5]   Bernhart, Grechenig (2009)

[6]   vgl. Malik (2006)

10

Das Setzen von Zielen, Visionen und Werten zählt zu den Kernaufgaben des Management. Zur Erreichung dieser Ziele ist die Förderung und Entwicklung der geführten Menschen elementar für den Erfolg, weshalb auch diese Aufgabe durch das Management abgedeckt wird.

2.2.3 Projektmanagement

PM setzt sich aus den zuvor erläuterten Begriffen „Projekt" und „Management" zusammen. Nach DIN 69901 ist PM die „Gesamtheit von Führungsaufgaben, -organisation, -techniken und -mitteln für die Initiierung, Definition, Planung, Steuerung und den Abschluss von Projekten".[4]

Aus dieser Definition ergibt sich als Kernziel des Projektmanagements das Erreichen der während der Definitionsphase gesteckten Ziele. Hierbei differenziert man zwischen Leitungs- und Organisationskonzept. Ersteres dient im Wesentlichen der Aufgabendefinition und dem Festlegen der zu verwendenden Methoden.

Das Organisationskonzept dient der Integration von Stakeholdern, der Verteilung sowie Überprüfung definierter Aufgaben.

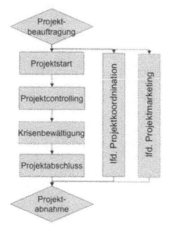

Abbildung 2: Rolle des Projektmanagements

11

Zu den Aufgaben eines Projektmanagers zählen das Feststellen des Anfangszustandes und die Definition eines zu erreichenden Ziels. Mittels PM soll der Weg zwischen beiden Zuständen bewältigt werden.[7] Abbildung 2^8 verdeutlicht die begleitende Rolle des Projektmanagements neben den operativen Projekttätigkeiten.

2.3 Abgrenzung

Die Abgrenzung der zuvor geklärten Begriffe „Web 2.0" und „Projektmanagement" soll den Fokus verstärkt auf die Gemeinsamkeiten und Unterschiede verschiedener Betrachtungswinkel legen.

Es sei zunächst auf eine verschiedene Wertigkeit der beiden Begriffe hingewiesen. Während das PM üblicherweise praktische Tätigkeiten, jedoch auch Methoden zur eigenen Umsetzung beinhaltet, versteht man Web 2.0 eher als Oberbegriff für verschiedene Werkzeuge und ein neues Verständnis sozialer Kontakte und Mitgestaltung über das Internet. Beide Begriffe sind also auf verschiedenen Anwendungsebenen zu finden.

Je nach Betrachtungsweise ergeben sich aus dem Titel dieser Seminararbeit, Web 2.0 und Projektmanagement" zwei Interpretationsmöglichkeiten:

1. Die Umsetzung von Web 2.0-Projekten, z.B. Facebook, mittels einer beliebigen Projektmanagement-Methode
2. Die Verwendung von Web 2.0-Werkzeugen zur Unterstützung des Projektmanagements

Diese Abhandlung bezieht sich ausschließlich auf letztere Alternative und beleuchtet neben möglichen Methoden einige verfügbare Werkzeuge, um das PM durch Web 2.0 zu unterstützen. Für diese Art des PM hat sich auch der Begriff „Projektmanagement 2.0" oder „Social Project Management" etabliert.[9]

Den Grad der Kompatibilität zwischen PM und Web 2.0 beschreibt der Anhang „Analyse der PM-Methoden".

---

[7] vgl. Wachtel (2007), Seite 5
[8] ISOKOM (2011)
[9] vgl. Wikipedia (2011)

12

3 Projektmanagement 2.0

Bei der ersten Gegenüberstellung von Web 2.0 und klassischem PM stellt sich die Frage, wie diese unterschiedlichen Themen gemeinschaftlich betrachtet werden können. Vermögen es Web 2.0-Dienste, die oft komplexen Anforderungen des PM zu erfüllen und es sinnvoll zu unterstützen? Gibt es praktische Gründe, um von der klassischen Verfahrensweise abzuweichen und die Projektkommunikation auf neue Prozesse umzustellen oder zu ergänzen? Und für welche Zielgruppen respektive Einsatzgebiete kommt das Ergebnis einer Zusammenfassung beider Begriffe in Frage? Einige Antworten auf diese Fragen bietet ein Methoden-/Werkzeugbündel, das als „Projektmanagement 2.0" bezeichnet wird.

Der wesentliche Unterschied zwischen klassischem PM und PM 2.0 besteht in der Rolle des Projektleiters und der Wahl der Werkzeuge. Während sich das klassische PM auf die zentrale Rolle des Projektleiters fokussiert, der Informationen bündeln und das Projekt entsprechend lenken kann, rückt das PM 2.0 die dynamische Kollaboration des gesamten Projektteams in den Vordergrund. So soll jedes Projektmitglied jederzeit Zugriff auf alle Projektinformationen erhalten, um Informationsasymmetrien zu vermeiden. „Dabei sollen vor allem der Austausch und die Zusammenarbeit während des Projektes gestärkt werden und die Ergebnisse und das Wissen aus abgeschlossenen nutzbar für zukünftige Projekte sein."[1]

Durch die gewandelte Rolle des Projektleiters vom „Aufgabenverteiler" zum „Visionär" erfolgt auch die weitere Organisation des Teams flexibler und lösungsorientierter. Umorganisationen und entsprechender Wissenstransfer werden so erleichtert. Verstärkend kommt hinzu, dass das PM 2.0 mehr als das klassische PM auf intuitive Software setzt, die das PM für alle Teammitglieder transparent und beherrschbar macht.

Diese Art des Projektmanagements bietet vor allem bei räumlich getrennten Projektorganisationen Vorteile und ermöglicht dezentrale Zusammenarbeit, während klassisches PM vorwiegend statische, lokale Strukturen fördert.

4 Methoden und Werkzeuge

Im folgenden Kapitel wird eine zufällige Auswahl bekannter PM-Verfahren und Software-Werkzeugen beleuchtet. Neben einer Beschreibung der Inhalte werden theoretische wie praktische Verknüpfungen der besprochenen Methoden und Werkzeuge vor dem Hintergrund des PM 2.0 betrachtet. Im folgenden Kapitel 5 werden diese Methoden und Werkzeuge den Kernkriterien des Web 2.0 gegenübergestellt und bewertet.

4.1 6-3-5 - Methode

Die Findung von Ideen und Problemlösungen, meist eine Aktivität in der Phase der Projektklärung[10], bietet sich die 6 – 3 – 5 – Methode an, um Ideen zu entwickeln.

6 Personen erhalten jeweils einen 6 – 3 – 5 – Bogen, in den zu einer konkreten Fragestellung je 3 Ideen tabellarisch eingetragen werden. Dazu haben die Teilnehmer 5 Minuten Zeit.[11] In der zweiten Runde werden die Bögen an den Nachbarn weitergegeben, dieser füllt die nächste Zeile des Bogens aus und kann dabei die Ideen seines Vorgängers mit einbeziehen. Dieser Vorgang wir so lange durchgeführt, bis jeder Teilnehmer jeden Bogen einmal bearbeitet hat. Im Anschluss werden die gefundenen Ideen bewertet und ggf. weiterverwendet.

Für die Implementierung als Web 2.0-Dienst eignet sich diese Methode bedingt, da wesentliche Faktoren des Web 2.0 nicht erfüllt werden. Vor allem die Bildung von Communities, die über einen langen Zeitraum innerhalb dieses Dienstes aktiv sind und miteinander interagieren, ist nicht zu erwarten. Da die Durchführung einer 6 – 3 – 5 – Sitzung zeitlich begrenzt und sehr spezifisch ist, fehlt die dauerhafte Gruppenbindung. Andere Teile des Web 2.0 lassen sich jedoch auf diese Methode anwenden. Die Nutzung der kollektiven Intelligenz (4. Kriterium) ist eine Grundvoraussetzung für dieses Verfahren, ebenso wie das Vertrauen in die Anwender als Gestalter von Inhalten.

---

[10] vgl. Drews, Hillebrandt (2010), Seite 4

[11] vgl. Baćak (2007), Seite 176 ff.

14

4.2 ABC-Analyse

Die ABC-Analyse ist ein Instrument „zur Feststellung der Wichtigkeit bestimmter Elemente".[12] Im PM kommt sie besonders dann zum Einsatz, wenn Prioritäten zu definieren sind, seien es Arbeitspakete oder Abschätzungen von Projektrisiken. In drei Schritten werden die 3 Werteklassen A, B und C erarbeitet und Elemente entsprechend bewertet. Aus diesen lassen sich die für das Projekt wesentlichen Punkte herausarbeiten. Die folgende Abbildung beschreibt den Ablauf der ABC-Analyse[13]:

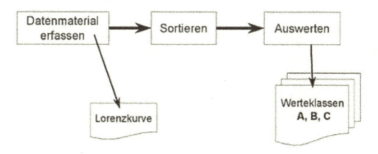

Abbildung 3: Ablauf der ABC-Analyse

Da für diese Art der Analyse ein beliebiges Tabellenkalkulationsprogramm zum Einsatz kommen kann, bringt die Verwendung in Kombination mit Web 2.0 keinen signifikanten Vorteil. Zudem bietet die ABC-Analyse keinen Ansatz für die Bildung einer Community, eine Nutzung der kollektiven Intelligenz findet nicht statt. Zwar ließe sich technisch betrachtet ein web-basierter Dienst für die Erstellung von ABC-Analysen implementieren, diese entspräche jedoch nicht der hier zugrunde gelegten Definition des Web 2.0.

---

[12] vgl. Drews, Hillebrandt (2010), Seite 31
[13] vgl. Drews, Hillebrandt (2010), Seite 32

4.3 Blogs

Blogs sind eine einfach bereitzustellende und kostengünstige Möglichkeit, die Kommunikation innerhalb eines Projektes flexibler und nachhaltiger zu gestalten.[14] Durch ihre Eigenschaft als eine Art (Projekt-)Tagebuch, dokumentieren sie den Projektfortschritt und verbessern zeitgleich das Wissensmanagement des Projekts oder sogar des Unternehmens. Verschlagwortung (Tagging), Kategorisierung und Suchfunktionen gewährleisten eine gute Wiederauffindbarkeit von Inhalten. Mitarbeiter, die später in die Projektarbeit einsteigen, können auf diese Weise den bisherigen Verlauf nachvollziehen und sich schneller in das Projekt einfinden.

Blogs sind üblicherweise per RSS abonnierbar und verändern damit die Art der Kommunikation im Vergleich zu Emails. Die Information, die jeder einzelne Mitarbeiter erhält, liegt damit mehr und mehr in der Verantwortung jedes einzelnen.

Eine integrierte Kommentarfunktion ermöglicht es Lesern des Blogs, mit dem Autor unmittelbar in Verbindung zu treten und Diskussionen über projektrelevante Themen dezentral und zeitunabhängig zu führen. Im Verlaufe eines Projektes lässt sich aus einer aktiven Leserschaft auch eine Art Community ableiten (5. Kriterium).

Je mehr die Autoren, aber vor allem die Leser, Blogs nutzen, desto höher ist der eigentliche Nutzwert dieses Werkzeugs (2. Kriterium).

Blogs erfüllen also wesentliche Kriterien des Web 2.0 und eignen sich somit als Werkzeug des Projektmanagement 2.0.

4.4 Brainstorming

Diese Kreativtechnik zur assoziativen Ideenfindung ist ein klassisches Werkzeug zur Findung von Problemlösungen, nicht nur innerhalb des PM. Ziel ist es, selbst aus möglicherweise absurden Assoziationen eine kreative Lösung für ein Problem zu finden.[15] Eine Gruppe von bis zu 15 Personen erhält eine Problemstellung und ruft dazu für ei-

---

[14] vgl. Tokuno (2009), Seite 5

[15] vgl. Schnitker (2007), Seite 8

16

nen definierten Zeitraum spontane Assoziationen in den Raum, die ein Moderator für alle sichtbar und wertungsfrei aufschreibt. Im Anschluss an diese Assoziationsphase erfolgen eine Bewertung und die Ableitung eines Ergebnisses.

Die verfahrenstechnisch einfache Methode birgt im Vergleich mit den Grundsätzen des Web 2.0 viele Parallelen. So setzt Brainstorming ausschließlich auf den Erkenntnisgewinn durch kollektive Intelligenz, vertraut auf die Wertschöpfung durch die Beteiligten und bietet mit Werkzeugen wie MindMeister oder Mindmanager einfach zu bedienende Software. Lediglich der Aufbau einer Community rund um Brainstormings erscheint schwierig, obgleich thematisch allgemein gehaltene Brainstormings durch die Nutzung von Communities (Crowdsourcing) die kollektive Intelligenz stärker forcieren und zu umfangreicheren Ergebnissen führen könnte (z.B. Anbieter Brainr).

4.5 Enterprise MashUps

Weniger als Werkzeug, eher als Arbeitsweise innerhalb der Unternehmensstruktur lassen sich EM beschreiben. Als MashUp bezeichnet man „Inhalte, Daten oder Applikationsfunktionen, [die] aus verschiedenen Quellen miteinander zu individuellen Anwendungen [kombiniert]"[16] werden. Es handelt sich also um eine Endnutzeranwendung, „[...] in der die Endnutzer die Möglichkeit haben, bei Bedarf kleine Softwareservices selbst zusammenzustellen [...]".[16] EM verhalten sich wie Onlineshops, über die endnutzerspezifisch Dienste kombiniert werden können. Bestimmend sind hier fachliche Aspekte der Softwareauswahl, doch auch die Reputation des entsprechenden Dienstes spielt eine entscheidende Rolle. „Rating-, Foren- und Kommentarfunktionen helfen den Anwendern, schnell eine relevante Ressource mittels der Community zu finden."[16]

Für das IT-Projektmanagement bedeutet dieses Konzept eine Veränderung des eigenen Rollenverständnisses. Projektziele richten sich weniger auf die Bereitstellung einer

---

[16] Diercks (2010a)

fest definierten Soft- oder Hardware, sondern versetzen das Projektteam in die Rolle eines Vermittlers zwischen Anwendern und externen wie internen Dienstleistern.

Trotz dieser noch immer strengen Trennung zwischen Anwendern und IT-Abteilung ist durch die Einführung von EM eine gewisse Demokratisierung in der Softwarelandschaft zu erkennen. Der durch das Web 2.0 aufkommenden Basisdemokratie im Netz folgt dieser Ansatz und erlaubt es Benutzern, über neue Vorschläge in Foren zu diskutieren und den eigentlichen Definitionsprozess innerhalb eines IT-Projektes auf den Endanwender zu verlagern.

„Mit klassischem Projektmanagement kommt man hier nicht weiter, agile Methoden eignen sich jedoch gut für diese Aufgabe."[16] Ähnlich dem Scrum-Ansatz steht bei EM weniger die umfangreiche Dokumentation, als vielmehr das Endprodukt im Fokus. So folgt einer Anfrage mit vorheriger Diskussion samt Abstimmung durch die Community (5. Kriterium) ein Vereinbarungsprozess mit den Dienstanbietern durch die IT, verbunden mit der Integration und anschließenden Bereitstellung des neuen Dienstes.

4.6 Microblogging

Ein weiterer Kommunikationstypus findet zunehmend Verwendung im PM. Das Microblogging, zunächst außerhalb des professionellen Umfeldes zum Absetzen von kurzen Statusmeldungen (Tweets) im privaten Umfeld entstanden, birgt große Chancen, klassische Kommunikationsformen im PM abzulösen.

Wesentlicher Vorteil von Microblogging-Systemen im PM ist, dass diese „verhindern, dass wichtige Notizen in der Zettelwirtschaft untergehen."[17] Während typische Kommunikationsarten wie Telefon oder Emails dem Austausch (in-)formeller Informationen mit fest definiertem, engem Empfängerkreis dienen, verfolgt Microblogging einen offeneren Ansatz. Es werden Kleinstinformationen für einen nicht näher definierten Empfängerkreis über web-basierte Werkzeuge bereitgestellt. Diese Informationen können von Interessierten verfolgt und bei Bedarf kommentiert oder weiterverbreitet werden. Informationen können selbst nach längerer Zeit nachvollzogen werden, wodurch Microblogging „[...] eine Antwort auf Probleme [sein kann], die im Zusammenhang mit

Emails schon deutlich früher aufgeworfen wurden."[17] Aufgrund der Neuheit des Themas Enterprise Microblogging findet sich heute „noch kein Best-Practise-Szenario"[17].
Doch konnte in Fallstudien nachgewiesen werden, „dass Enterprise Microblogging in
der Lage ist, das Informations- und Wissensmanagement in Unternehmen zu unterstützen und insbesondere den Information Overload durch Serien- und Multiempfänge-
remails zu kanalisieren"[17].
Durch die Möglichkeit der Verschlagwortung mittels Hashtags lassen sich Informationen für Empfänger einfach strukturieren. Zudem erleichtert diese dynamische Kategorisierung die spätere Suche nach Timeline-Einträgen.

Trotz wachsender Akzeptanz des Microbloggings[17] stoßen Plattformen wie Twitter in
Deutschland „[mit] 40.000 Twitter-Nutzern [...] noch auf zurückhaltende Skepsis und es
wird erstaunt registriert, dass in den USA selbst der Präsident [...] zu den Microblog-
gern zählt."[17] Durch die einfache Nutzbarkeit von Microblogs und der konzeptionellen
Nähe zu SMS oder Instant Messaging ist jedoch mit einer zunehmenden Nutzung im
unternehmerischen Umfeld zu rechnen.[17]
Von besonderem Nutzen für das Projektmanagement bzw. Projekte im Allgemeinen
sind zwei Punkte:[17]

1. Durch die integrierte Antwortfunktion von Microblogs werden Diskussionen und
   damit wertvolle Informationen automatisch dokumentiert.
2. Oft melden sich Teammitglieder mit qualifizierten Beiträgen über Microblogs zu
   Wort, obgleich sie mit der betreffenden Thematik nicht direkt betraut sind.

Vorgänge werden auf diese Weise transparenter und das Wissensmanagement flexibler und gleichzeitig umfangreicher. Entsprechend fungiert das Microblogging als „[...]
einfacher und flexibler Speicher von 'information nuggets', etwa Bekanntmachungen,
Links, Empfehlungen, Gedanken und Gefühle"[17]. Wichtige Aspekte eines Projektes,
Probleme, Statusinformationen oder gar die Stimmung im Projektteam können auf diese Weise berücksichtigt werden.

---

[17] Böhringer, Gluchowski (2009)

19

Die Bandbreite der angebotenen Software reicht von SaaS- über Lizenz- bis hin zu Open-Source-Software.[17] Gerade letztere eignen sich für integrierte Unternehmenslösungen. SaaS-Lösungen bieten sich für Kurzprojekte an, da sie schnell und zu niedrigen Kosten zur Verfügung gestellt werden können.

Generell setzt man hierbei auf im Vorfeld nicht vordefinierte Nutzungsszenarien, die dem Microblogging weitere Werthaltigkeit beifügen, beispielsweise durch die Bereitstellung von Informationen für Dritte.[18] In erster Linie erwartet man dadurch einen deutlichen Schritt Richtung „Realtime-Web"[18], einer zunehmenden Dynamisierung von WWW-Inhalten verbunden mit einer starken sozialen Komponente. Informationen können in Projekten granularer und in Echtzeit verbreitet werden, so wird auch eine Veränderung des Kommunikationsverhaltens zu beobachten sein. Diese Echtzeitverarbeitung schließt nicht nur menschlich erstellte Informationen ein, sondern auch maschinell erzeugte Statusmeldungen, bspw. wenn ein Teammitglied eine projektrelevante Datei auf einem zentralen Dokumentenlaufwerk aktualisiert hat.[18]

Aktueller Gegenstand von Forschungen sind automatische Auswertungen von Tweets mittels semantischer Informationen oder Textanalysen. Im Hinblick auf die automatische Generierung von Berichten für das Projektmanagement birgt diese Forschung großes Potential für die Live-Informationsgewinnung.[18]

4.7 Mindmapping

Im Internet haben sich unter dem Oberbegriff Web 2.0 in den letzten Jahren zahlreiche Werkzeuge für den Einsatz im PM etabliert. Jedes dieser Werkzeuge bietet andere Ansätze und unterstützt somit verschiedene Projektszenarien.

Mindmapping, eine Methode zum strukturierten Erfassen von Gedankengängen oder Themenbäumen, bietet sich dank einer weiten Verbreitung browsergestützter Werk-

---

[18] vgl. Böhringer, Gluchowski (2009)

20

zeuge[19] für die gemeinsame Arbeit in Teams an.[20] Sie erlaubt es Projektleitern und -mitgliedern, "Meetings zu planen oder große Informationsmengen in handliche Stücke zu zerlegen"[20]. Die daraus entstehende Baumstruktur lässt sich zusätzlich durch Farben oder Bilder erweitern, um Sachverhalte zu verdeutlichen. Hierbei beziehen Mindmapping-Werkzeuge bewusst Stärken der kreativen rechten Hirnhälfte mit ein. Sie ermöglichen somit das Erfassen eines möglichst breiten, zum Erstellungszeitpunkt wertneutralen Spektrums an Kriterien und Unterkriterien. Der Vorteil dieser Datenaufbereitung liegt darin, dass jemand, der "sich nach längerer Zeit mit einer Map aus einem vergangenen Projekt beschäftigt, [..] schnell wieder 'im Bilde'"[20] ist.

Eine für die Teamarbeit zentrale Funktion von Mindmapping-Werkzeugen ist die technische Möglichkeit, über das Internet "bidirektional Daten mit anderen Systemen [auszutauschen]"[20]. Das Erstellen von Mindmaps alleine bietet jedoch noch keine speziellen PM-Funktionen. Daher enthalten viele Werkzeuge zusätzliche Möglichkeiten der Gestaltung. Hervorzuheben ist hier die Aufgabenverwaltung, „die ein einfaches Projektmanagement beherrscht, mit Angaben für die Priorität, den Fortschritt, Anfangs- und Enddatum sowie zu den Ressourcen eines Vorhabens."[20]

Der wesentliche Vorteil der webbasierten Werkzeuge liegt jedoch in der Zusammenarbeit und der gleichzeitigen Verfügbarkeit von Daten für alle Beteiligten. Zudem können Medienbrüche auf diese Weise weitestgehend vermieden werden. Desktop-Programme setzen hier einen anderen Schwerpunkt und bieten daher nur eingeschränkte Kooperationsmöglichkeiten..

Aufgrund der begrenzten Skalierbarkeit von Mindmaps bieten sich derartige Werkzeuge vor allem für Einzelnutzer oder kleine Organisationen an, in denen wenige Daten für Baumdiagramme anfallen.

---

[19] bspw. DropMind, Mind42, MindManager, MindMeister, MindView, iMindMap, Freemind, Xmind

[20] vgl. Diercks (2010b)

4.8 Netzplantechnik

Zu Beginn eines Projektes wird nach der Ermittlung der Arbeitspakete ein Plan benötigt, um diese zur richtigen Zeit durch die richtige Person durchführen zu lassen. Zudem ist die Ermittlung eines Zeitrahmens und möglicher Engpässe notwendig für die erfolgreiche Durchführung des Projektes. Zu diesem Zweck wurde die Netzplantechnik entwickelt, die ausgehend vom PSP den Projektablauf vorgangsorientiert darstellt.

Aus einem Netzplan lässt sich durch die enthaltene Vorgangsdauer und eine Verknüpfung zum Vorgänger der Zeitplan des Projektes erkennen. Zudem helfen Software-Werkzeuge wie Microsoft Project, den kritischen Pfad eines Projektes zu erkennen, eine Folge von Vorgängen, deren Pufferzeit null beträgt, eine Verzögerung sich also unmittelbar auf den geplanten Endtermin des Projektes auswirken würde.[21]

Gemeinsamkeiten zwischen der Netzplantechnik und Web 2.0-Kriterien sind nur wenige auszumachen. Das Fehlen adäquater Online-Dienste und das große Angebot an Offline-Software untermauern die Vermutung, dass ein solcher Dienst in Kombination mit Web 2.0-Merkmalen keine nennenswerten Vorteile mit sich bringt.

4.9 Podcasts

Neben den textbasierten Blogs nahm seit 2004 die Verbreitung von audio- und videobasierten Podcasts signifikant zu. Als auf andere Weise aufbereitetes Blogs stellen Podcasts für das PM ein Medium dar, das es auditiv geprägten Projektmitgliedern erlaubt, aktuelle Informationen auf mobilen Endgeräten und binnen kurzer Zeit zu konsumieren. Trotz des informationellen Mehrwerts ist die Erstellung von Podcasts innerhalb eines Projektes problematisch, da der Aufwand für die Produktion (Equipment, Schnitt, redaktionelle Betreuung) vergleichsweise hoch ist und seine Wirkung erst in Großprojekten mit einer hohen Informationsdichte entfaltet. Dennoch sind Podcasts als typischer Vertreter des Web 2.0 eine interessante Anreicherung der Kommunikationslandschaft für Projekte und können das Projektmarketing durch eine professionelle Produktion nachhaltig stärken.

---

[21] vgl. Nyiri (2007)

22

4.10 Soziale Netzwerke

Soziale Netzwerke (Facebook, Xing, etc.) gelten als eine der wesentlichen Entwicklungen des Web 2.0.[22] Bislang dienen sie dem Vernetzen mit Freunden oder Kollegen, also der Bildung von Netzwerken innerhalb unterschiedlicher Zielgruppen. Nutzer stellen eigene Inhalte in diese Netzwerke ein fördern auf diese Weise den Nutzen des gesamten Netzwerks.

Für das PM wurde diese Art der Vernetzung bislang wenig genutzt, doch sind Anbieter wie Ning[23] oder Wackwall[24] bemüht, diese Lücke zu schließen. Auf diese Weise können in Projekten eigene Netzwerke geschaffen werden, um alle Stakeholder zu involvieren.[25] Der Anbieter Ning beispielsweise bietet viele der hier besprochenen Werkzeuge in verschiedenen Ausprägungen, ist also je nach Organisationsform skalierbar, ein wesentliches Merkmal des Web 2.0.

Für das PM bieten soziale Netzwerke eine zentrale Plattform für Kommunikation und Dokumentation und sind somit optimal für das Projektmanagement 2.0 geeignet.

4.11 Wikis

Das Wissensmanagement innerhalb von Projekten ist ein wichtiger Faktor für den Erfolg, die Zusammenarbeit und die anschließende Wartung. Daher spielen Wikis als technische Implementierung communityfähigem Wissensmanagements im PM eine wichtige Rolle.

Am wesentlichsten ausgeprägt ist das Web 2.0-Merkmal des gesteigerten Nutzens durch intensive Beteiligung der Benutzer, da sich evolutionär Wissen ansammelt, das sowohl innerhalb, als auch außerhalb des Projektes nutzbringend sein kann. „Für die reine Kollaboration hinsichtlich gemeinsamen Arbeitens an Inhalten, für Diskussionen

---

[22] Hattenhauer (2009)
[23] http://www.ning.com
[24] http://www.wackwall.com
[25] vgl. Tokuno (2009), Seite 8

23

zu strittigen Inhalten sowie für Kontrollfunktionen und Entscheidungen haben sich Wikis etabliert, die jedem Benutzer ermöglichen, Beiträge zu verfassen, zu editieren oder zu löschen."[26] Zudem gewährleistet das gemeinsame Arbeiten an Inhalten inhaltliche Qualität, da Fehlinformationen durch die Gemeinschaft gefunden und korrigiert werden können (Wisdom of the Crowd).

Als weiterer typischer Vertreter des Web 2.0 eigenen sich Wikis somit ebenfalls als Werkzeuge für das kollaborative PM.

---

[26] Gabler (2011)

5 PM-Methoden und Web 2.0 im Vergleich

Inwieweit PM-Methoden konzeptionell kompatibel zur Web 2.0-Definition sind, soll nun nach der Betrachtung der einzelnen Methoden gegenübergestellt werden. Die folgende Tabelle stellt die einzelnen Methoden und Kriterien dar, letztere wurden bereits im Kapitel "Begriffsklärung" erläutert.

Die Bewertung der Kriterien beruht auf der konzeptionellen Einschätzung der technischen Realisierbarkeit nach der Analyse bestehender Dienste.

5.1 Tabellarische Übersicht

Die Bewertung der einzelnen Kriterien wurde wie folgt vorgenommen:

Bei Erfüllung eines Kriteriums (✓) wird 1 Punkt vergeben, bei eingeschränkter Übereinstimmung (○) 0,5 Punkte und bei keiner Übereinstimmung (✗) 0 Punkte. Eine Erläuterung der einzelnen Kriterien je analysierter Methode findet sich in Anhang "Analyse der PM-Methoden".

Methode	K1	K2	K3	K4	K5	K6	K7	Summe
6 – 3 – 5	✓	✗	○	✓	✗	✓	○	4
ABC-Analyse	✓	✗	✗	✗	✗	○	○	2
Blogs	✓	✓	○	✗	○	✓	✓	5
Brainstorming	✓	○	○	✓	✗	✓	✓	5
Enterprise MashUps	✓	✓	✓	✓	✓	✓	✓	7
Microblogging	✓	✓	✓	✓	○	✓	✓	6,5
Mindmapping	✓	✗	○	○	✗	✓	✓	4
Netzplantechnik	✓	✗	✗	✗	✗	✗	✓	2
Podcasts	✓	✓	○	✗	○	✓	✓	5
Soziale Netzwerke	✓	✓	✓	○	✓	✓	✓	6,5
Wiki	✓	✓	✓	✓	✓	✓	✓	7

Tabelle 1: Gegenüberstellung von PM-Methoden und Eigenschaften des Web 2.0

25

5.2 Auswertung

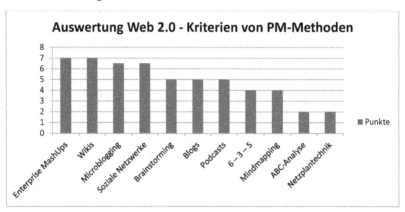

Abbildung 4: Auswertung Web 2.0 - Kriterien von PM-Methoden

Die Auswertung der besprochenen Methoden und Werkzeuge zeigt ein differenziertes Bild zwischen Web 2.0-orientierten und eher einzeln genutzten Diensten. Die noch recht jungen EM bringen das Web 2.0 definitionsgemäß in Unternehmensstrukturen ein und etablieren dort Communities rund um das Thema Unternehmenssoftware und -dienste. Da MashUps das vorherrschende Selbstverständnis der internen IT grundsätzlich in Frage stellt und durch eine Vermittlerrolle ersetzt, bieten sie interessante Ansätze für das PM. Teilaufgaben, insbesondere die Phase der Definition, können überwiegend an den Nutzer ausgelagert werden, so dass sich das IT-Projektteam auf die Vermittlung der Anforderungen zwischen Anwender und Anbieter konzentrieren kann.

Auch Wikis entsprechen durch ihre Vielseitigkeit und die Orientierung am gemeinsamen Schaffen von Inhalten ganz den Charakteristika des Web 2.0. Als zentrale Dokumentationsplattform für kollaboratives Arbeiten bieten sie für das projektinterne Wis-

sensmanagement eine solide Software-Basis und dokumentieren gleichzeitig das Projekt umfassend.

Microblogging und soziale Netzwerke werden zum Zeitpunkt des Verfassens dieser Arbeit noch zaghaft in Unternehmen eingesetzt, obwohl sie Potentiale bieten, die Projekt- und Unternehmenskommunikation effizienter zu gestalten. In diesem Bereich sind künftig weitere Entwicklungen zu erwarten, die auch die Projektarbeit langfristig erleichtern wird.

Mit 2 Punkten abgeschlagen bieten klassische PM-Methoden wie die ABC-Analyse oder die Netzplantechnik rein konzeptionell wenig Ansatzpunkte, um sie als typische Web 2.0-Dienste nutzen zu können. Eine Implementierung von zukunftsträchtigen Web 2.0-Geschäftsmodellen erscheint daher nicht realistisch.

27

6 Resümee

Zusammenfassend lässt sich konstatieren, dass Projektmanagement und Web 2.0 hochgradig kompatibel sind.

Methoden, mit deren Hilfe gruppenorientiert auf ein konkretes Ziel hingearbeitet werden kann, wirken sich im Einsatz des Projektmanagement 2.0 besonders positiv aus. Durch den spontanen, kurzzeitigen Einsatz geprägte Methoden wie das Brainstorming, eignen sich hingegen weniger, obgleich ebenfalls die gruppenorientierte Zielfindung im Fokus steht. Hierbei ist eine weitere Differenzierung zwischen langfristiger und kurzfristiger Zielfindung vorzunehmen. Kurzfristige Methoden sind bei dieser Betrachtung aufgrund der fehlenden Communities weniger für das Web 2.0 geeignet.

Grundsätzlich lässt sich jedoch festhalten, dass das „Projektmanagement 2.0" großes Potential für die Projektsteuerung und vor allem die Kommunikation bietet. Da durch derlei Anwendungen Einsparpotential und eine Beschleunigung und Verbesserung der Kommunikation zu erwarten ist, werden sich im Laufe der kommenden Jahre verschiedene Web 2.0-Dienste in Unternehmen etablieren können[7]. Inwieweit sich die Erfolgsquote Web 2.0-gestützter Projekte gegenüber klassisch geführten Projekten entwickeln wird, werden jedoch erst Langzeiterfahrungen zeigen.

In der Projektorganisation ist ein anhaltender Trend des Outsourcings und ortsungebundener Arbeit durch den Einsatz von Web 2.0-Werkzeugen zu erwarten, da diese Dienste einzelne PMM und -aufgaben virtualisieren und über das Internet weltweit zur Verfügung stellen. Durch ein verbessertes Wissensmanagement sind zudem geringere Einarbeitungszeiten neuer Projektmitarbeiter zu erwarten. Die Organisation von Projektteams wird sich in der Folge zunehmend dynamisieren und verteilen.

Anhang

Analyse der PM-Methoden

Der folgende Abschnitt begründet die in Kapitel "PM-Methoden und Web 2.0" getroffenen Entscheidungen hinsichtlich der Web 2.0-Kompatibilität der einzelnen PM-Methoden.

Kriterium 1

„Dienste, keine Paketsoftware, mit kosteneffizienter Skalierbarkeit"

Methode	Wertung	Beschreibung
6 – 3 – 5 – Methode	✓	• keine entsprechenden Applikationen bekannt • aber: umfänglich adäquate Anwendungen (z.B. MindMeister) am Markt etabliert • technische Umsetzung realistisch
ABC-Analyse	✓	• Einschätzung entspricht 6 – 3 – 5 – Methode
Blog	✓	• Dienste existieren bereits, bspw. Wordpress
Brainstorming	✓	• Dienste existieren bereits, bspw. Brainr
Enterprise MashUp	✓	• Dienste existieren bereits, bspw. Yahoo Pipes
Microblogging	✓	• Dienste existieren bereits, bspw. Twitter
Mindmapping	✓	• Dienste existieren bereits, bspw. MindMeister
Netzplantechnik	✓	• Einschätzung entspricht 6 – 3 – 5 – Methode
Podcast	✓	• Dienste existieren bereits, bspw. Podhost.
Soziales Netzwerk	✓	• Dienste existieren bereits, bspw. Ning
Wiki	✓	• Dienste existieren bereits, bspw. Mediawiki.

Tabelle 2: Bewertung „Dienste, keine Paketsoftware, [...]"

29

Kriterium 2

„Kontrolle über einzigartige, schwer nachzubildende Datenquellen, deren Wert propor-
tional zur Nutzungshäufigkeit steigt"

Methode	Wertung	Beschreibung
6 – 3 – 5 – Methode	✖	• Methode üblicherweise kurzfristig und themen-spezifisch eingesetzt • keine Notwendigkeit zur Nutzung innerhalb von Communities • Frage der Nutzungshäufigkeit nicht relevant
ABC-Analyse	✖	• Methode findet üblicherweise einmalig und in unternehmensspezifischen Grenzen statt • Bildung von Communities und Erhöhung der Nutzung spielen keine Rolle
Blog	✓	• Wert eines Blogs entsteht durch seine Inhalte • Inhalte bestehen nicht nur aus Artikeln, sondern auch aus Kommentaren der Leser • Informationen sind in dieser Form einmalig • Nutzungshäufigkeit wirkt sich auf Wert des Blogs aus
Brainstorming	○	• klassischerweise in kleineren Gruppen durchge-führt • zeitlich begrenzt • Dienste wie Brainr bieten Online-Brainstormings an • jeder Benutzer kann sich beteiligen
Enterprise MashUp	✓	• Bildung von Benutzer-Communities innerhalb von Unternehmen

		• Mehrwert für bestehende IT-Infrastruktur durch Wünsche der Nutzer und den daraus resultierenden Diskussionen • je größer die Nutzergruppe ist, desto ausgewogener die Ergebnisse
Microblogging	✓	• lebt von den Nutzern und deren Inhalten • Nutzwert abhängig von Nutzungshäufigkeit
Mindmapping	✗	• oft für kleine Fragestellungen verwendet • dient der Visualisierung von Inhalten • Mehrwert durch Online-Dienste in Verbindung mit kollaborativem Arbeiten in großen Gruppen ist nicht zu erwarten
Netzplantechnik	✗	• üblicherweise lokale Verwendung • wird durch Projektleiter oder entsprechende Organe zentral verwaltet
Podcast	✓	• vgl. Blogs
Soziales Netzwerk	✓	• vom Namen her bereits auf eine große Nutzungshäufigkeit angewiesen • Effektivität der Kommunikation steigt, je mehr Projektmitglieder sich daran beteiligen
Wiki	✓	• Wikis haben ohne Nutzer, die Inhalte einstellen, keinen Wert für ein Projekt • Nutzen abhängig von Zahl der Beteiligten

Tabelle 3: Bewertung „Kontrolle über einzigartige [...] Datenquellen"

Kriterium 3

„Vertrauen in Anwender als Mitentwickler"

Methode	Wertung	Beschreibung
6 – 3 – 5 – Methode	○	• basiert auf Ideen und Assoziationen der Beteiligen • Verfahren entwickelt sich selbst nicht weiter
ABC-Analyse	✗	• kein Werkzeug, das in Gruppenarbeit zu einem Ergebnis führt • Verwendung des Ergebnisses durch eine Community bringt wenig Mehrwert
Blog	○	• Leser von Blogs sind keine klassischen Mitentwickler → Unterschied zu Wiki • Kommentare, Meinungen und Diskussionen werten Blogs jedoch deutlich auf
Brainstorming	○	• Setzt ausschließlich auf die Beteiligten als Mitentwickler von Ideen • Verfahren entwickelt sich selbst nicht weiter
Enterprise MashUp	✓	• ausgewogene Applikationsstruktur durch Anforderungen und Diskussionen der Nutzer • Maßgebend sind die Bedürfnisse der Anwender
Microblogging	✓	• baut auf der Verwendung durch seine Nutzer auf • entwickelt sich durch Benutzer weiter • Beispiel: die Verwendung des @-Zeichens durch die Nutzer führte bei Twitter zur Unterstützung dieses Referenzzeichens
Mindmapping	○	• setzt sehr wesentlich auf die Entwicklung von

		Inhalten durch seine Anwender • Verfahren entwickelt sich selbst nicht weiter
Netzplantechnik	✖	• statische Methode • keine nennenswerten Gemeinschaftsanteile
Podcast	○	• vgl. Blogs
Soziales Netzwerk	✓	• Benutzer sind zentraler Wert sozialer Netze • Benutzer schaffen Inhalte und Beziehungen • Wertschöpfung durch Inhalte
Wiki	✓	• Inhaltliche Wertschöpfung durch Beteiligung der Nutzer • vgl. Wikipedia

Tabelle 4: Bewertung „Vertrauen in Anwender als Mitentwickler"

Kriterium 4

„Nutzung kollektiver Intelligenz"

Methode	Wertung	Beschreibung
6 – 3 – 5 – Methode	✓	• nutzt die Assoziationskraft einer Gruppe
ABC-Analyse	✘	• wird für Einzelanalysen und -bewertungen von Fakten herangezogen • keine Nutzung der kollektiven Intelligenz
Blog	✘	• bidirektionale Kommunikation zwischen Sender und Empfänger • keine Zusammenarbeit an gemeinsamem Ziel • keine Nutzung der kollektiven Intelligenz
Brainstorming	✓	• nutzt die Assoziationskraft einer Gruppe
Enterprise MashUp	✓	• Ausprägung in der Praxis wird durch die Gruppe der Anwender mitbestimmt • baut zur Findung effizienter IT-Infrastruktur auf kollektives Entscheidungsvermögen
Microblogging	✓	Die rasante Verbreitung von Informationen über Twitter (Beispiel: Medienzensur im Iran, 2010) zeigt, dass sich die große Menge der Nutzer zu einem bestimmten Zweck zu einer geschlossenen Einheit, einer Art kollektivem Bewusstsein zusammen-schließen kann und daraus seinen Wert schöpft.
Mindmapping	○	• nicht ausschließliche Nutzung durch mehrere Menschen • dient häufig der Strukturierung der eigenen Ge-danken und Sachverhalte

Netzplantechnik	✖	• Erstellung durch meist kleinen Personenkreis • keine Nutzung der kollektiven Intelligenz
Podcast	✖	• vgl. Blogs
Soziales Netzwerk	◔	• ähnlich dem Microblogging • Interessengruppen bilden sich zu einem gemeinsamen Zweck in speziellen Themengruppen • mangels Fokus auf gemeinsames Ziel würde die Bezeichnung als kollektive Intelligenz zu weit reichen
Wiki	✓	• Schaffung von Wissen innerhalb von Wikis erfolgt i.d.R. in Communities • Inhalte werden untereinander revidiert, dadurch Sicherstellung der Qualität (vgl. Wikipedia)

Tabelle 5: Bewertung „Nutzung kollektiver Intelligenz"

Kriterium 5

"Erreichen des 'Long Tail' mittels Bildung von Communities etc."

Methode	Wertung	Beschreibung
6 – 3 – 5 – Methode	✘	• Bildung von Communities ist aufgrund des Methodencharakters nicht zu erwarten
ABC-Analyse	✘	• vgl. 6 – 3 – 5 – Methode
Blog	○	• kann langfristige Leserschaft erwerben • Leserschaft bringt für das PM nur bedingt gesteigerten Nutzen
Brainstorming	✘	• Vgl. 6 – 3 – 5 – Methode
Enterprise MashUp	✓	• durch Nutzeranfragen und Diskussionen kann sich die gewünschte Software-Landschaft herauskristallisieren • Synergien durch langfristige Investition in eine umfassende Anwendergemeinschaft
Microblogging	○	• fördert die Bildung von Communities • Nachvollziehbarkeit und Dokumentation der der Ad-Hoc-Kommunikation
Mindmapping	✘	• vgl. 6 – 3 – 5 – Methode
Netzplantechnik	✘	• vgl. 6 – 3 – 5 – Methode
Podcast	○	• vgl. Blogs
Soziales Netzwerk	✓	• nachhaltiger Nutzen für Projekte und Organisationen • enge Vernetzung der Teammitglieder fördert langfristig die Kommunikation

		• bietet Chancen für Synergien auch über Abteilungsgrenzen hinweg
Wiki	✓	• wachsende Menge eingestellter Informationen steigert den Nutzwert

Tabelle 6: Bewertung "Erreichen des 'Long Tail' […]"

Kriterium 6

„Erstellung von Software über die Grenzen einzelner Geräte hinaus"

Methode	Wertung	Beschreibung
6 – 3 – 5 – Methode	✓	• simpler Formularaufbau, dadurch einfache Portierung auf diverse Plattformen (PC, Smartphones, Tablets, etc.)
ABC-Analyse	◯	• Umsetzung kollaborativ nutzbarer Software aufgrund bestehender Konzepte (z.B. Sperrkonzepte, Authorisierungskontrolle) realistisch • mobile Anwendung auf Smartphones erscheint aufgrund des nötigen Prozessablaufs unrealistisch
Blog	✓	• Entsprechende Software existiert bereits, bspw. Wordpress.
Brainstorming	✓	• Entsprechende Software existiert bereits, bspw. Brainr.
Enterprise MashUp	✓	• Entsprechende Software existiert bereits, bspw. Yahoo Pipes.
Microblogging	✓	• Entsprechende Software existiert bereits, bspw. Twitter.
Mindmapping	✓	• Entsprechende Software existiert bereits, bspw.

		Mindmeister.
Netzplantechnik	✗	• aufgrund der Komplexität schwer umsetzbar • sequenzielle Bearbeitung • exklusive Datei-Bearbeitungssperren verhindern gemeinsames Arbeiten • nur über Drittsoftware lösbar (z.b. Microsoft SharePoint)
Podcast	✓	• Entsprechende Software existiert bereits, bspw. MP3-Player oder Blogs mit Audiomodul.
Soziales Netzwerk	✓	• Entsprechende Software existiert bereits, bspw. Facebook.
Wiki	✓	• Entsprechende Software existiert bereits, bspw. Mediawiki.

Tabelle 7: Bewertung „Erstellung von Software [...]"

38

Kriterium 7

„Leichtgewichtige User Interfaces, Entwicklungs- und Geschäftsmodelle"

Methode	Wertung	Beschreibung
6 – 3 – 5 – Methode	○	• einfacher Formularaufbau ermöglicht simple User Interfaces • Möglichkeit der Schaffung von Entwicklungs- oder Geschäftsmodellen fraglich
ABC-Analyse	○	• klar strukturiertes User Interface durch klaren Prozessablauf möglich • Möglichkeit der Schaffung von Entwicklungs- oder Geschäftsmodellen fraglich
Blog	✓	• Bestehende Dienste kombinieren einfaches User Interface und erfolgreiches Geschäftsmodell (Beispiel: Wordpress)
Brainstorming	✓	• leichtgewichtige Interfaces finden sich bei bestehenden Diensten wie Brainr • hohe Anzahl eingestellter Brainstormings zeigt erfolgreiches Entwicklungs- und Geschäftsmodell / Benutzerakzeptanz
Enterprise MashUp	✓	• Zugriff auf MashUps für simple Softwarekataloge • Diskussionen und Bewertungen bieten Orientierungspunkte für Benutzer • Produkte wie Yahoo Pipes zeigen die Machbarkeit umsetzbarer Geschäftsmodelle
Microblogging	✓	• bestehende Dienste zeigen Machbarkeit einfacher User Interfaces (Twitter, Yammer, etc.)

		• sowohl kostenlose als auch kostenpflichtige Geschäftsmodelle konnten sich etablieren
Mindmapping	✓	• bestehende Dienste zeigen Machbarkeit einfacher User Interfaces (z.B. MindMeister, MindManager) • sowohl kostenlose als auch kostenpflichtige Geschäftsmodelle konnten sich etablieren
Netzplantechnik	✓	• Realisierung intuitiver User Interfaces für Netzpläne technischer machbar • unter Berücksichtigung ähnlicher Dienste (z.B. Mindmapping-Dienste) sind etwaiges Geschäftsmodell positiv zu bewerten
Podcast	✓	• Allgemein gebräuchliches MP3-Format auf nahezu allen modernen Endgeräten abspielbar • einfach zu handhaben • existierende Geschäftsmodelle für kostenpflichtige Inhalte (bspw. der Harald Schmidt Podcast) funktionieren
Soziales Netzwerk	✓	• soziale Netzwerke i.d.R. intuitiv zu bedienen (Facebook, Xing, etc.) • erfolgreiche Geschäftsmodelle gibt es einige (Facebook, Xing, VZ-Group, LinkedIn, etc.)
Wiki	✓	• bestehende Dienste bieten einfach User Interfaces (z.B. MediaWiki) • (kosten-)freie Software ebenfalls erfolgreich

Tabelle 8: Bewertung „Leichtgewichtige User Interfaces [...]"

Literaturverzeichnis

Monographien

Baćak (2007)	Baćak, Silvior Wilhelm: Der unbeirrbare Wille zum Erfolg 2: GELD - IDEEN - ZIELE - KREATIVITÄT - METHODEN - TECHNIKEN - RHETORIK - KONFLIKT - COACHING, Books on Demand, 1. Auflage, 2007
Bernhart, Grechenig (2009)	Bernhart, Mario / Grechenig, Thomas: Softwaretechnik: Mit Fallbeispielen aus realen Entwicklungsprojekten, Pearson Studium, 1. Auflage, 2009
Drews, Hillebrandt (2010)	Drews, Günter / Hillebrandt, Norbert: Lexikon der Projektmanagement-Methoden, Haufe-Lexware, 2. Auflage, 2010
Hattenhauer (2009)	Hattenhauer, Rainer: Digital survival guide 2010: Rezepte, die das Leben leichter machen, Markt+Technik, 1. Auflage, 2009, Seite 36
Malik (2006)	Malik, Fredmund: Führen, Leisten, Leben: Wirksames Management für eine neue Zeit, Campus Verlag, 1. Auflage, 2006
Nyiri (2007)	Nyiri, Alexander: Corporate Performance Management. Ein ganzheitlicher Ansatz zur Gestaltung der Unternehmenssteuerung, facultas.wuv, 1. Auflage, 2007, Seite 275
Schnitker (2007)	Schnitker, Mark: Brainstorming: Vorbereitung und Durchführung- ein Fallbeispiel, GRIN Verlag, 1. Auflage, 2007
Wachtel (2007)	Wachtel, Birte: Projektmanagement - Organisation ist alles, GRIN Verlag, 1. Auflage, 2007

Zeitschriften

Diercks (2010a)   Diercks, Jürgen: Eigene Mischung in iX kompakt IT-Projekte
01/2010, 2. Auflage, Seite 112 ff.

Diercks (2010b)   Diercks, Jürgen: Kürze mit Würze in iX kompakt IT-Projekte
01/2010, 2. Auflage, Seite 72 ff.

Diercks (2010c)   Diercks, Jürgen: Ideenfabrik in iX 12/2010, Seite 68 ff.

Böhringer, Gluch-   Böhringer, Martin / Gluchowski, Peter: Microblogging in Informa-
owski (2009)   tik Spektrum, Band 32, Heft 6, Dezember 2009, Seite 507

Internetquellen

Gabler (2011)   Gabler Verlag (Herausgeber): Gabler Wirtschaftslexikon, Stichwort:
Web 2.0, http://wirtschaftslexikon.gabler.de/Archiv/80667/web-2-0-
v7.html, 21.01.2011, 16:38

Holz (2008)   Holz, Patrick: Webseite des O'Reilly-Verlages, Artikel „Was ist Web
2.0?" (Deutsche Übersetzung),
http://www.pytheway.de/index.php/web-20, 13.01.2011, 20:11

ISOKOM (2011)   ISOKOM, Institut für Sozialforschung und Kompetenzbildung
Dresden GbR: Artikel „Innovation • Problemlösen •
Projektmanagement",http://www.isokom.com/kompetenzbildung_in
novation.html, 02.01.2011, 11:33

Rauhut (2008)   Rauhut, Christoph: besser 2.0 Blog, Deutschland, Artikel „Über den
Projektmanagement 2.0 Blog", http://www.besser20.de/uber-den-
projektmanagement20-blog, 15.01.2011, 14:39

Tokuno (2009)   Tokuno, Douglas: Präsentation „Free Web 2.0 Tools to Help Project Managers", http://www.slideshare.net/douglastokuno/web-20-
tools-for-project-management, 15.01.2011, 16:49

Wikipedia (2011) Wikipedia: Artikel „Projekt Management 2.0",
https://secure.wikimedia.org/wikipedia/en/wiki/Project_management
_2.0, 03.01.2011, 11:00